सतरंगी धागे

कुछ पिरोये हुए काव्य

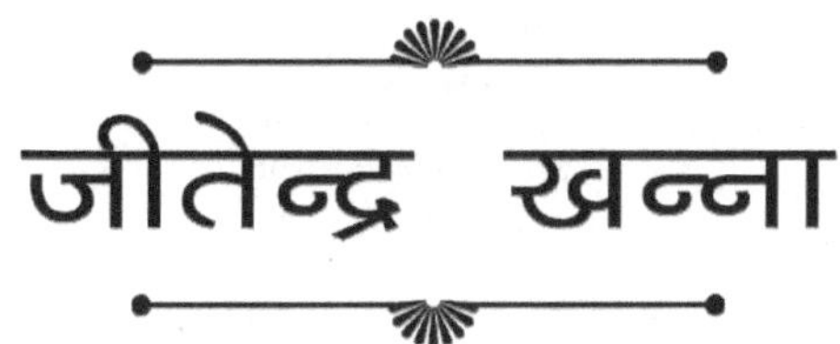

जीतेन्द्र खन्ना

BlueRose ONE
Stories Matter

First Published in February 2023

ISBN: 978-93-5704-159-1

BLUEROSE PUBLISHERS
www.BlueRoseONE.com
info@bluerosepublishers.com
+91 8882 898 898

Cover Design:
Muskan Sachdeva

Typographic Design:
Pooja Sharma

Distributed by: BlueRose, Amazon, Flipkart

सतरंगी धागे

कुछ पिरोये हुए काव्य-शब्द

(With a few selected poems in English)

जितेंद्र खन्ना

समर्पण

मेरे परिवार और मित्रों को — जिन्होंने प्रकाशन से पहले मेरी कविताओं को पढ़ा या सुना और मुझे अपना काम प्रकाशित करने के लिए हमेशा प्रोत्साहित किया।

Dedication

To my family and friends — who read or listened to my poems before publication and always encouraged me to publish my work.

पुस्तक परिचय

इस संग्रह की अधिकांश कविताएं कोविड महामारी के तीन वर्षों (2020-2022) के दौरान लिखी गई थीं। कई कविताएं लोगों के बीच संपर्क टूटने पर टिप्पणी करती हैं और मानव जाति के भविष्य पर प्रश्नचिन्ह लगाती हैं। "एक बार फिर. . . सृष्टि" इस संग्रह की केंद्रबिंदु है। यह और कुछ अन्य कविताएं आधुनिक विज्ञान और भारतिए दरशशास्त्र से प्रेरित है। कुछ कविताएं यह दर्शाती हैं कि सवालों के चक्रवहु से जल्दी निकालने की चाह में इंसान पुरानी विचारधारों की शरण लेता है, फिर चाहे पुरानी सोच से निलके जवाब कितने भी छिलछिले क्यों ना हों। इसलिए कवि नवनीतता को अपनाने के लिए पाठकों को प्रेरित करता हैं। इस संग्रह में जितेंद्र खन्ना की कुछ शुरुआती और हास्यकर कविताएं भी शामिल किया है। उदाहरण के तौर पर, उनके कुछ नए-पुराने अंग्रेजी काव्य भी प्रस्तुत किए गए हैं। जितेंद्र खन्ना का कहना है कि इस पुस्तक में सतरंगी धागे उनके विचारों को संदर्भित करते हैं। उनकी सोच के धागे सृष्टि की तरह विकसित होते रहते हैं और नई कविताओं की नींव बन जाते है।

विषय सूची

क्यों सतरंगी धागे...

मैंने 16 वर्ष की आयु में कविता लिखना आरंभ किया था। मेरा हिन्दी में कविता लिखना दो भागों में बंटा है — 1971 से 1976 तक और फिर 2020 से अब तक। बीच के वर्षों में मैंने अधिकतर अँगरेजी में लिखा।

प्रारंभिक स्कूली शिक्षा के वर्षों में, हिंदी भाषा की पाठ्य पुस्तकों द्वारा मेरा कबीर और रहीम जैसे शास्त्रीय हिंदी कवियों से परिचय हुआ। चूँकि हमारे अध्यापक हमें दोहों को ज़ुबानी याद करने के लिए प्रोत्साहित करते थे, आज तक मैं कुछ दोहे आसानी से दोहरा सकता हूँ। तब मुझे ज्ञात हुआ कि मुझे सार्थक कविताएँ पसंद आती हैं। ऐसी कविताएँ कवि की मानसिक गहराई दर्शाती है। पुराने लेखक अपनी कविताओं में लय, ताल और सामाजिक तथ्य पर जोर देते थे। पर शायद सबसे महत्त्वपूर्ण बात यह है कि कई पुराने कवियों ने सरल देहाती शब्दों में इतने विचारपूर्ण संदेश लिखे।

बेशक, कविता के कई रंग हैं। अधिकांश आधुनिक कविताओं में मनोरंजक और अवलोकन पर ध्यान दिया जाता है। उनमें शब्दों के साथ एक चित्र बनाने का प्रयास होता है, जिससे पाठक, कवि की मनोदशा से जुड़ पाता है। शायद अपने चित्रकारी के शौक के कारण मैं ऐसी कविताएँ कम लिखता हूँ।

कविता लिखने के अपने पहले प्रयासों के दौरान एक बुद्धिमान लेखक मित्र ने मुझे सलाह दी थी कि कविता में उपदेश देने से दूर रहना चाहिए। (हालांकि यह सलाह प्राचीन ऋषियों पर लागू नहीं होती जिन्होंने महाभारत जैसे महाकाव्यों की रचना की थी।) मुझे लगता है कि उस नियम का तर्क यह है कि आधुनिक पाठक बुद्धिमान है और बिन बुलाया ज्ञान स्वीकार नहीं करता है। लेकिन अगर आपकी सोच ज्ञान/विज्ञान से आकर्षित है और जो आप देख रहे हैं, वह आपको चुभता है और आप अपने विचार कुछ लयबद्ध सरल शब्दों में कहना चाहते हैं, तो उस उपदेश वाले नियम का पालन करना कठिन हो जाता है। हालांकि मैं उस सुनहरे नियम के प्रति सचेत रहता हूँ और उपदेश नहीं देने का प्रयास भी करता हूँ, मुझे लगता है कि कभी-कभी 'कुदाल' को 'कुदाल' बुलाना उपदेश देने जैसा लग सकता है।

इस संग्रह की अधिकांश कविताएँ कोविड महामारी के तीन वर्षों (2020-2022) के दौरान लिखी गई थीं। वे लॉकडाउन पर टिप्पणी करती हैं और मानव जाति के भविष्य पर प्रश्न चिह्न लगाती हैं। मैंने कोविड के दर्द से ध्यान हटाने के लिए कुछ हल्के-फुल्के हास्य-काव्यों में भी हाथ आजमाया है। मेरी पसंद के अनुसार इस संग्रह की सबसे महत्त्वपूर्ण कविता है "एक बार फिर. . . सृष्टि"। यह कविता आधुनिक विज्ञान से प्रेरित है और सृष्टि की रचना का एक गैर-धार्मिक लेकिन सांस्कृतिक रूप से प्रासंगिक दृष्टिकोण प्रस्तुत करती है।

इस संग्रह में मैंने अपने शुरुआती कविता लेखन क्रिया की कुछ कविताओं को भी शामिल किया है, जिसमें मेरी 16 वर्ष की आयु में लिखी हुई पहली पूरी कविता (जन्मदिन) भी शामिल है। साथ ही, उदाहरण के तौर पर, मैंने अपनी कुछ नई-पुरानी अँगरेजी कविताएँ भी प्रस्तुत की हैं।

एक विज्ञान लेखक और संपादक के रूप में काम करते हुए मैंने हमेशा उभरते लेखकों से कहा कि लेखक की सोच उसके शब्दों से अधिक महत्त्वपूर्ण होती है। ऐसा इसलिए है क्योंकि शब्दों को तो संपादक या लेखक संशोधित कर सकता है, परंतु सोच का संशोधन बहुत कठिन होता है। प्रस्तुत पुस्तक 'सतरंगी धागे' मेरे कुछ विचारों को संदर्भित करते हैं। मुझे लगता है कि मेरी सोच के धागे हमेशा बदलते रहते हैं और मेरी कविताओं की नींव बन जाते हैं। इन धागों और उनमें जड़े शब्दों के मोतियों के बिना कोई कविता नहीं बन सकती थी। मुझे आशा है कि पाठक इन कविताओं का आनंद ले पाएँगे और जिस दार्शनिक नींव से ये कविताएँ उभरी हैं, उसे पहचान पाएँगे।

जितेंद्र खन्ना

शायर से मुलाकात

जब मेरे पुराने मित्र जितेंद्र खन्ना ने मुझसे फरमाइश की कि मैं उनके पहले काव्य-संग्रह के लिए प्रस्तावना लिखूँ, तो मेरा पहला ख्याल यह था एक कवि और उसकी कविताएँ किसी भी साहित्यिक पर्यवेक्षक की टिप्पणियों से बहुत ज्यादा कीमती होती हैं। कविताओं पर टिप्पणी करने के लिए शायद खुद एक कवि होना सबसे लाज़िमी है। मेरे लिए यह सोचना मुश्किल है कि मैं ऐसा क्या कह सकता हूँ, जो इस संग्रह के पाठकों को इन कविताओं की सराहना करने में मददगार होगा। मुझे लगता है जितेंद्र खन्ना की कविताओं के सामने मेरी टिप्पणियाँ ऐसी ही बातें होंगी, जैसे सूरज को चिराग दिखाना। फिर भी, कोशिश करता हूँ।

जितेंद्र खन्ना से मेरी यूनिवर्सिटी के पुराने दिनों की पहचान है, पर टिप्पणी कर पाने के लिए केवल पहचान काफी नहीं है। फिर भी, मैंने सोचा कि बीते दिनों में डुबकी लगाई जाए, तो शायद कुछ कविताओं की प्रेरणा के स्रोत का पता चल पाए। यह 1973 की बात है, जब जितेंद्र खन्ना (जिन्हें उनके ज्यादातर दोस्त उस जमाने में केवल 'खन्ना' ही बुलाते थे) और मैंने एक साथ दिल्ली यूनिवर्सिटी के BSc जीव-विज्ञान (zoology) कोर्स में दाखिला लिया था। अगले तीन सालों में मुझे खन्ना को बहुत करीब से जानने का मौका मिला। कहते हैं 'पूत के पाँव पालने में दिखायी देते हैं'। खन्ना और मेरे बीच पढ़ाई की बातें कम और हास्य-कलाकारी की बातें ज्यादा होती थीं। मिसाल के तौर पर, खन्ना के चुटकुलों का हर रोज एक सेशन जरूर होता था। हँसने-हँसाने के साथ-साथ, इस नजदीकी-मेलजोल से मैंने यह जरूर सीखा कि रोज की पढ़ाई की नीरसता को तोड़ने से ही पढ़ाई की गंभीरता बनी रहती थी। नीरसता तोड़ने के लिए खन्ना के पास कई साधन थे, जैसे क्लास में पीछे बैठकर अध्यापकों के कार्टून बनाना, जिससे मेरा खन्ना की चित्रकारी से परिचय हुआ। क्योंकि हमलोग 17-18 वर्ष के थे, लड़के थे, तो जाहिर है खूबसूरत लड़कियों और शायरी की बातें होना लाज़िमी था। खन्ना सुने-सुनाए शे'र और कविताएँ दोहराने से ज्यादा अपने शब्दों में कुछ कहने की कोशिश पर ज्यादा जोर देते थे। कहने का तात्पर्य यह है कि इनका शब्दों से खिलवाड़ का शौक बहुत

पुराना है। आज उनके वही पुराने अंदाज — हास्य, चित्रकारी, रूमानीवाद और शब्दों का तोड़-जोड़ इस काव्य-संग्रह में 'सतरंगी धागे' बनकर उभरा है। यह उनकी संवेदनशीलता और रूमानी सोच का प्रमाण है।

यहाँ खन्ना के रूमानी स्वभाव और कविता कहने का एक किस्सा सुनना जरूर बनता है। 1974 के बरसाती मौसम में (शायद अगस्त का महीना था) एक दोपहर को हमलोग यूनिवर्सिटी से घर जाने की तैयारी कर रहे थे। अचानक जोर से बारिश होने लगी। मुझे घर पहुँचने की जल्दी थी। मैं बार-बार घड़ी देख रहा था और उधर खन्ना छत के किनारे से टकराती बारिश की बूंदों को एकटक लगाए देख रहे थे। उन्होंने मुझसे पूछा — एक कविता सुनोगे? मैं जल्दी में था तो, पर बारिश में कहीं जा भी नहीं सकता था, तो मैंने कहा — सुनाओ! खन्ना शुरू हो गए — "एक, दो, तीन, चार... कैसी मूर्खता है कि मैं बूंदों को गिनता हूँ / हो सकता है कि तुम्हें मेरी दीवानगी पर तरस आ जाए / जो तुम पास न हो तो मैं न जाने क्या-क्या कर बैठता हूँ..."। मैं मुस्कुराया और यह नहीं पूछा कि खन्ना को किस यार का इंतजार था। हम वहीं बारिश के थमने तक खामोश बैठे रहे। मुझे घर वापस जाने की जैसे अब कोई जल्दी नहीं थी। मैं बस उस पल में कहे शब्दों में खो सा गया था। फिर साल-दो-साल बाद, आखिरी परीक्षा हुई और 1976 में हम सब अपनी-अपनी दिशा की तलाश में मसरूफ़ हो गए। उसके बाद मैंने जब भी खन्ना को याद किया, मुझे बादलों का घना रंग, आसमान का नीलापन, और बारिश की बदें ही दिखती थीं। कई साल तक जब हमारा संपर्क टूटा रहा, मैं यही सोचता था कि खन्ना जरूर आसमान और उससे आगे अंतरिक्ष की तलाश में कहीं यार खोज रहे होंगे। आज उनकी कविताएँ बताती हैं कि मेरा अंदाज ठीक ही था।

जिंदगी की कुछ पहेलियाँ जमीन के करीब से इतनी साफ नहीं दिखाई देतीं, जितनी जमीन से ऊपर उठकर दिखती हैं। हर शायर/कवि अपने शब्दों से अपनी एक अनूठी कल्पना दर्शाता है। खन्ना, 'सतरंगी धागों' के कवि होने के साथ-साथ एक वैज्ञानिक लेखक और फिलॉसफर भी हैं। बस एक बात साफ है कि सवाल कितने भी दार्शनिक या वैज्ञानिक क्यों न हों, खन्ना का इज़हार कविता में पिरोये हुए शब्द ही हैं। खन्ना की सोच में जीवन, जमीन, आसमान और सृष्टि, बस एक ही रंगीन धागा हैं। शायद इसी सोच के कारण कवि इंसानी जिंदगी को समय के भँवर में देख पाता है, जहाँ इंसानियत अपनी

जमीन तलाश कर रही होती है। कवि इस कल, आज और कल पर एक प्रश्नचिह्न लगाता है और पूछता है कि आखिर समय है क्या? यह सब एक असीम शक्ति के गोल चक्र से पैदा होने वाला एक और बड़ा चक्र है जिसमें मानुष अपने जीवन के रिश्तों की हदें तलाश करता है।

कवि कहता है कि मन और तन के आपसी टकराव से जीवन के राग निकलते हैं। जीवन की इस उलझी गुत्थी का हम सब को जल्दी जवाब भी चाहिए। क्या जल्द आए जवाब को मन से लगा लिया जाए, या कोई लंबा रास्ता चलकर जवाब निकाले जाएँ? जल्दबाजी की सतही सोच में सच और झूठ में फर्क नहीं दिखता और प्यार, व्यापार बनकर रह जाता है। कवि का मानना है कि सवालों के चक्रव्यूह से जल्दी निकलने की चाह में हम शॉर्टकट्स और पुरानी विचारधारों की शरण लेते हैं, फिर चाहे पुरानी सोच पर आधारित जवाब कितने भी छिछिले क्यों न हों। खन्ना की कविताएँ हमें नवनीतता को अपनाने के लिए प्रेरित करती हैं।

कवि की रूमानी कल्पना में किसी विशेष महबूब का होना जरूरी नहीं होता, बल्कि सुंदरता और सत्य की तलाश होती है, जो जीवन की अधूरी सच्चाई को अपनी सोच की उड़ान से वह पूरा करने की चेष्टा करता है। यह आसान काम नहीं होता। इस उड़ान में हर बार सफलता नहीं मिलती। उड़ान में बड़ी थकान भी है और कवि खुद भी अपने आप हो देखकर अनजान महसूस करता है क्योंकि दूसरों के दिये हुए ज्ञान की सुरक्षा वो पहले से ही नकार चुका होता है।

जो सोच सिर्फ ऊपर-ऊपर से ही जिंदगी को देखे, वो नजरिया इस कवि को मंजूर नहीं है क्योंकि उसकी नजर जिंदगी की उस भरपूर सच्चाई पर है जिसमें प्यार, दर्द, रिश्ते, जज्बात और एहसास हैं। इनकी जानिब कवि सिर्फ इशारा करता है — इस उम्मीद में कि अंतिम योग में अनंत संभोग लिखा है।

एक और कविता में कवि अपने सवालों को लिए हुए, अपने अधूरे जवाबों के साथ, युवाओं से कहता है कि उन्हें जिंदगी ऐसी बनानी चाहिए कि जिंदगी के लंबे सफर में कोई निराश न हो। रास्ते में कोई मोड़ पड़ें तो परवाह मत करना, बस हर मोड़ को मोड़ से जोड़ते हुए आगे बढ़ना।

खन्ना की कविताओं को पढ़कर यह फैसला करना मुश्किल है कि एक वैज्ञानिक-फिलॉसफर कवि बन गया या फिर एक कवि सृष्टि के अनुभव पर सवालों के जवाब के लिए कविता की कोमल कलम से शब्दों की एक वैज्ञानिक तस्वीर बना रहा है। यह फैसला पाठकों को खुद ही करना है। मैं सिर्फ इतना ही कहूँगा कि इन कविताओं को भागते-दौड़ते न पढ़िएगा। यह इसलिए, कि जिन सवालों के जवाब की खोज में ये लिखी गई हैं, वे सवाल एकांत की गहरी सोच में उठाए गए हैं। ऐसे सवाल जब कवि को परेशान करते होंगे तो रचनात्मकता की रोशनी में कवि ने इत्मीनान की सांस लेते हुए, जमीन और आसमान की फैली वास्तविकता के संदर्भ में अपने शब्दों को पिरोया होगा।

एक करीबी पुराने मित्र की ओर से शायर के लिए शुभकामनाओं के साथ।

_डॉ. मौहम्मद तालिब_

Oxford, England

1

सतरंगी धागे

सात रंगों से धुली
यह दुनिया बनावटी है,
शायद इसलिए
इसकी मिट्टी से उभरी
हर सोच मिलावटी है।

चंद शब्दों के
बिखरे हुए टुकड़े
मैं इधर-उधर से लेकर
तोड़-मरोड़ कर
कुछ बड़े, कुछ छोटे
सतरंगी धागे कात लेता हूँ;
फिर यूँ ही बिना ज्यादा सोचे
उनकी कड़ियाँ जोड़कर,
मैं मनगढ़ंत पंक्तियों के
हार पिरो लेता हूँ।

फिर पिरोये हुए काव्यों को
मैं अपने ही अन्दाज में
सबको सुनाता हूँ;
कोई समझ पाता है,
कोई उल्टा मुझे ही समझाता है;
और कोई बिना कुछ समझे
बस यूँ ही मुस्कुराता है।

कोई समझे या ना समझे;
मुझे क्या परवाह?
कोई नसीहत दे,
या करे वाह-वाह;
आख़िर दुनिया बनावटी है,
हर सोच मिलावटी है!

मेरी मिली-जुली,
थोड़ी मटमैली सोच,
और मेरी शब्दों की खोज
से बने सतरंगी धागे कच्चे हैं;
शब्दों का तो पता नहीं,
पर यह अवश्य है,
मेरी आकांक्षाएं,
मेरी भावनाएं,
मासूम से बच्चे हैं!
बिल्कुल सच्चे हैं!

2.

फिर एक बार..... सृष्टि

न 'कब'… न 'अब'… न 'तब' था;

न 'कहाँ'… न 'यहाँ'… न 'वहाँ' था;

न आसमाँ था, न कोई जहां था;

न थी शून्यता भी किसी के वास्ते;

अस्तित्वहीन थे जहाँ-तहाँ के रास्ते।

एक इच्छा ने ले डाली अंगड़ाई,

नहीं पता वो चाह कहाँ से आई;

शायद की होगी स्वयं ही से लड़ाई,

जो यूँ ही ठंडे पानी में आग लगाई;

उसका न था कोई प्रकार या विकार,

बस अंतरिक्ष उभर पड़ा होकर लाचार;

निर्गुण रहकर भी सदा निराकार,

होता ही गया साकार, लगातार…

कुछ ऐसा ही हुआ था चमत्कार!

फिर ऊँचा उठा, फैला अनादि;

एक अदृश्य फूटे अंकुर की भाँति

उसी चाह ने पल में रच डाली,

महा ज्योतिर की अद्भुत झाँकी;

मंशा हुई व्यापक, सब बाधाएँ फाँद,

शक्ति की नींव पर उठ बैठा ब्रह्मांड;

उसी आकांक्षा से बने गुणी पदार्थ,

धर्म-नियम की हुई उत्पत्ति यथार्थ;

गुण, गुणा से गुणा कई बार हुए;

विस्तारता से हुए चूर, विभिन्न;

दूरी बनी, समय जागा, आए दिन;

जन्मे लम्हे, पल और पल-छिन;

गुण और गुणों से जा घुल मिले

अवगुण भी बीच आन रले;

काँटों से भरी शनि की टहनी पर

जैसे शुक्र के फूल हों आ खिले।

शक्ति है सर्व ब्रह्मांड का ईंधन,

है मायावी सृष्टि का असीम धन;

ऊर्जा प्रकाश है सब पर अक्षय,

है वही सत्य का मार्ग, होता सदा विजय;

एक पल शांत, एक पल उत्तेजित

कभी ले, कभी दे, है उसकी प्रकृति;

ऊर्जा ने है रची हर कृति की आकृति,

हर अंश में है लेन-देन का आंतरिक समर्थ;

बिना इस व्यापार के हर कर्म है व्यर्थ;

उसी से है उज्ज्वल देव रूप का अर्थ।

शक्ति ही है सर्व एक मात्र रुपैया,

चलता है उससे भँवर का पहिया;

निरंतर तोड़-जोड़ है उसकी क्रिया,

टूटे आसमाँ या मिलें राधा-कन्हैया,

उसी से है आकर्षण, उसी से है घृणा;

एक पल में हो जाता है ना जाने क्या-क्या,

सोचता है भटका मन, यह मैंने ही किया!

शक्ति है लहराती उत्तेजित अशांति,

शक्ति कोई भेदभाव नहीं मानती;

गुण-अवगुण, चिंता नहीं जानती;

न थी कभी वह नई नवेली,

कुसमय है, न होगी कभी सयानी;

कण-कण में जड़ी है तीन रूप धारे,

जीते-मरते हैं सभी त्रिमूर्ति के सहारे,

दोहराते हैं लब एक ही शब्द —
शांति! शांति! शांति!

शक्ति गर्म है, शोला है, आग है;

एक रहस्य पर बैठी शेषनाग है;

रोम-रोम में बसी तनिक-सी,

कुछ पल के लिए सभी का भाग्य है!
शक्ति आरम्भ है और अंत भी;
दानव है, ज्ञानी है और संत भी;
शक्ति वास्तविक है और मनगढ़ंत भी!

था एक ऐसा पल, जब सब था तरल,

उसी पल में था कल, आज और कल;

समय दौड़ पड़ा, जब खिला अरविंद,

शक्ति ने पहचाना अपना प्रतिबिंब;

चलते समय ने फिर मुड़ कर न देखा,

वह लांघ चुका था बड़ी लक्ष्मण रेखा;

इच्छा को पीना पड़ा अपनी ही चाह का विष,

लिखा गया तभी हर पल का अनंत भविष्य!

एक लिखे समय के आने पर,

सृष्टि के किसी वर्णनातीत मोड़ पर,

आकाशगंगा की झूलती एक डोर पर,

कोई सितारा फूटकर हो गया राख;

उसकी उठी धूल के कण-कण में थे

सम्पन्न तत्वों के खजाने लाखों-लाख!

उभर पड़ा वहाँ एक नवनीत सितारा;

छोटे-बड़े नवग्रहों की बारात के साथ

गुणी ग्रह नक्षत्रों के बवंडर में बह चले;

जैसे घूमते हों किसी घड़ी के चलते हाथ।

चाह की राह एक लम्बी साधना थी;

ब्रह्मांड का उठ बैठना एक अवधारणा थी;

ग्रहों में कुछ दे पाने की आराधना थी;

हर गुण में मिलाप की सद्भावना थी;

नील पर ज्वाला, चिंगारी भड़क रहे थे;

पर हर कण में जागृति की सम्भावना थी।

नील मंथन से विष-अमृत ने आना ही था;

पानी में जलती आग का एक कोना भी था;

उबाल में बुलबुलों ने की कुछ ऐसी हेर-फेर,

अंधेरे को छेदते उग पड़ी अलबेली सवेर;

भटकते निष्कर्म कणों ने निद्रा तोड़ी,

निष्क्रिय की पुरानी आदत छोड़ी;

जीवन चैतन्य की छाया में पलने लगा,

जीव कणों ने जाना, कौन है दूजा, कौन सगा;

बदलते जीवों को 'प्रजाति', 'कुल' मिला;

जान मिली, तो मृत्यु का भी वरदान मिला;

जुड़-जुड़ के जीव-कण छोटे से हुए बड़े;

छोटे-बड़े सभी कर्म की राह पर चल पड़े।

3.

कर्मचक्र यंत्र — उपसंहार

समय की धारा में बहते हैं कण-कण,

शक्ति की चाह में बसा है उनका मन,

न अपनी कोई राह, न अपना कोई प्रण;

अदृश्य, सूक्ष्म ऊर्जा-सा शांत है मन-तन;

कभी सोना, कभी चाँदी हैं सबका धन,

निःस्वार्थ हैं, नहीं हैं कोई अपना कर्म।

अहिल्या रूपी उनींदा कण-कण,

नीर की लहरों में कुछ यूँ घुले-मिले,

लगा राम के स्पर्श से उनके भाग हों खिले;

निद्रा के टूटने से हुआ चेतना का आरम्भ,

स्वयं की चेतना से उठा स्वार्थ का स्तम्भ,

कर्म-काल हुआ आरम्भ, बिना कोई विलम्ब।

निद्रा से उठते ही भूख हुई प्रधान,

पेट की सेवा बना सबसे प्रथम काम,

फिर न पाया किसी ने कभी भी आराम!

किसने, कैसे गहरी निद्रा से जगा डाला,

गले में क्यों डाली 'धर्म', 'दायित्व' की माला?

एक प्रश्न बार-बार उठा – क्या था उद्देश्य?

बस कर्म का यंत्र चले, यही आया आदेश!

भूख की तड़प है सर्व सक्रिय आग,

जिसकी जकड़ में हुआ हर कर्म है दाग,

भूख के आयाम में छुपी है गहरी प्यास,

बिना तृष्णा के मिलता नहीं सुहाग;

मिल-जुल के प्यास बुझाना है सौभाग्य,

संतान क्रिया हर कर्म का है अंतिम राग,

कर्म के गंडांत पर है शांति,

केवल वहीं है निष्कर्म वैराग्य!

4.

मानो या जानो

यह जो तुम सब बता रहे हो,

वो क्या है जो तुम छुपा रहे हो?

अपना विश्वास यूँ जता रहे हो,

पर विष का वास लुका रहे हो?

क्या-क्या न तुमने मान लिया,

बिना जाने ही पहचान लिया?

एक ने क्या कुछ न पहनकर

बदन का चप्पा-चप्पा ढक लिया,

दूसरे ने सब कुछ उतारकर

मिट्टी का लिबास सजा लिया,

दोनों ने जाने-अनजाने

अपनी सोच का प्रचार किया!

नादानों ने दूर ही से देखकर

देखी को अनदेखा कर दिया,

कुछ ने रस्सी को सांप समझा

और क्या-क्या न ठान लिया!

फिर बिना कुछ समझे ही

यूँ ही सब कुछ मान लिया;

लिबास तो लिबास है,

बस धूप-छाँव का पर्दा;

ज्ञान ही खास है,

वही विकास है,

नकली धर्मी है उससे डरता!

5.

प्यार-व्यापार

तेरी खूबसूरती ने

छोड़ा था कातिल तीर,

थी तो वहाँ बहुत भीड़,

झुके पड़े थे मुल्ला-पीर;

बस मेरी ही नज़र गई पकड़ी,

तेरे तीर के शिकंजे में

गयी पूरी तरह से जकड़ी,

अपनी ही नज़र के

बिछाए जाल में

फँस गई मकड़ी,

दोनों हाथों में पड़ गई

सात फेरों की हथकड़ी।

तुझसे आँख मिली

मेरी मुस्कान खिली,

मैं हुआ बेबस, मजबूर;

चढ़ा जो था गहरा सरूर!

होश उड़े थे भरपूर,

अब किसका था कसूर;

मेरी बहकी नज़र का,

या तेरे सौंदर्य के असर का?

बस वही था एक पल

जब खोया था मनोबल;

वही था योग,

वही था भोग,

वही था प्यार,

समय था सरकार,

बाकी सब था बेकार।

गुज़र गए साल,

पक गए बाल,

ढलक गई खाल,

क्या हम वही हैं,

जो थे उस पल?

कहाँ गयी

वो मोहनी मूरत?

वो प्यारी सूरत,

जो बन गई थी

एक सख्त ज़रूरत?

अब तू ही बता ना यार...

क्या कभी कोई मर्जी से

करता है प्यार?

क्या है यह

इश्क-विश्क प्यार-व्यार

बस एक पल का व्यापार?

जो हो तो जाता है,

फिर न जाने क्यों,

बस कहीं खो जाता है...

फिर लौट के नहीं आता है!

6.

थकान-उड़ान

कई बार...
ऐसा भी होता है,
कि दिन के ढलते अंग में
मैं जीवन से हार मानता हूँ,
बहुत थक जाता हूँ,
कुछ कर नहीं पाता हूँ।

फिर...
खयालों की बाढ़ में बहकर,
कल्पना की बाहों में ढहकर,
रास्ता ढूँढने की चाह लिए,
कहीं दूर... दूर उड़ जाता हूँ।

जब...
दिन को गले लगा रही होती है रात,
पौ के उस पार उभरने लगती है शाम,
सजाने लगती है सितारों की बारात,
ऐसे न इधर, न उधर के माहौल में,
रिश्तों के मिश्रित गोल-मोल में,
लगता है जैसे मैं हूँ कोई खिलौना...
लुढ़क रहा हूँ एक बजते, बंद ढोल में,
रोशनी और अंधेरे के अनोखे घोल में।

तब...

मुझे कुछ सूझता नहीं,

मैं भी कुछ बूझता नहीं,

अपनी सोच छोड़कर,

मैं जीवन से जूझता नहीं।

फिर

लगता है...

सब कुछ मैं ही हूँ!

जो कुछ है, सब है यहीं,

मैं नहीं, तो कुछ भी नहीं!

बस...

भरता हूँ एक ऊँची उड़ान,

आसमान को छूकर भी

रहता हूँ वहीं-का-वहीं,

बहुत थककर भी

उड़ लेता हूँ मैं,

और उड़कर भी

मैं थकता नहीं!

7.

ज्ञान पहचान

था एक अज्ञात कल,

अंत की टहनी पर

उग आया था

पुनरारंभ का फल;

मेरा था समय,

मेरा था पल,

अंशनुमा शरीर में

फूटा था अनहोनी का बल;

चारों ओर थी बहती आग

और जलता-बुझता जल,

अनजान, अनदेखी थी राहें,

मन में छुपी थी अधूरी चाहें;

तब कुएँ की कालक ने ली करवट,

सामने आन खड़ा था कर्मकाल पर्वत;

फिर आदेश हुआ, अब चल...

छोड़कर कुएँ की अंधेरी खाई,

नासमझी की सुरक्षित गहराई,

मैंने न देखा, न सोचा,

बस निकल पड़ा;

बिन जाने,

बिन पहचाने,

कौन होंगे मेरे नए,

कौन थे मेरे पुराने!

मैं अपने आप से,

अपनों-परायों से

अपरिचित था;

अक्षमाशील थे लोग,

पर बना था मिलन का योग;

अनलिखित थे रास्ते,

न पता था कौन हूँ, कौन था!

यूँ तो मेरे अंश-अंश में

लिखी थी मेरे जन्मों की गाथा,

पर बलहीन थी टांगें,

सुकुमार था माथा,

सबका था मुझे ज्ञान;

काश! मैं यह जान पाता...!

तो शायद...

न आता!

न जाता!

8

बातें

यह दुनिया है
बातों का दंगल,
अतीत की
कुछ समझी,
कुछ नासमझी
यादों का चुंगल।

लोग खींच रहे हैं हवा में
धुएँ की लकीरें,
मार रहे हैं
यूँ ही तुक्के,
ठोक रहे हैं
हवाई मुक्के,
और ढूँढ रहे हैं मंगल!
वाह! कमाल है यह
मुफ़्त की बक-बक का लंगर!

पर यह है घना जंगल,
यहाँ बनता है
हर बात का बतंगड़!
यहाँ गिरते हैं सिर,
कहीं और पड़ते हैं धड़!

बातों का है घनघोर शोर,

लगाकर अपना पूरा जोर,

भाग! मेरे यार, भाग!

बातें है फिजूल की

उभरती झाग!

इससे पहले कि

बुझ न पाए आग,

अपनी जुबान से लड़!

जा कहीं एकांत में

बैठकर कुछ लिख-पढ़!

फिर चुपचाप आगे बढ़!

यह है समय की सौगात,

कि हर बात में छुपी है एक बात;

है बात ही बात का कारक;

समय की बढ़ती नोक

है बातों के जंजाल की धारक;

वही सर्व देनहार है,

वही है सबका मारक,

समय की धारा में बह चुकी

हर बात है हानिकारक!

9.

पत्थर-दिल शहर

ईंट-चूने की इमारतों से बना है

यह पत्थर-दिल वालों का शहर।

इस जंगल से दूर नहीं

अब आने वाला कहर।

जाओ, खोजो उस दीवार को...

जिस पर लिखी है

आने वाले कल की कहानी!

नहीं बनेगा ज्यादा

तुम्हारे खून का पानी;

दिल पर हाथ रख लेना,

सुन लेना उन बातों को भी,

जो कही जाती हैं बस

इशारों की जुबानी।

जो बाग-बगीचों को

घेरे बैठी हैं ईंटें,

वे बिना शब्दों के

जता रही हैं

कलियों की झुकी

आँखों का पानी!

10.

WhatsApp का जमाना

पहले अपना कुछ जाता था...

कुछ लगता था!

उन दिनों, कोई आता था,

कोई जाता था;

कोई सुनता था,

कुछ सुनाता था;

कोई हँसता था,

कोई हँसाता था।

अब न आना है,

न जाना है;

रंगीन टीवी का जमाना है;

कोविड का हंगामा है;

हाथ में फोन है,

जुबान रहती मौन है,

बस टीवी चिल्लाता है,

फोन ही सबसे मिलवाता है;

यूँ ही अँगुलियाँ चलवाता है।

पर घर-बाज़ार खाली है,

यारी-दोस्ती जाली है,

बस WhatsApp वाली है,

जैसे मुफ्त की थाली है।

वर्चुअल हरियाली है,

न बू है, न खुशबू है;

दो पैसे की ऐप है,

लाखों का बनी ऐब है।

मुफ्त का बाँटा ज्ञान,

है बिन बुलाया मेहमान,

समझ अधूरी है,

फीकी हलवा-पूड़ी है।

कौन इसे पचा पाता है...

न कुछ लगता है,

न कुछ जाता है!

जा, ज़िंदगी से खेल!

कैसी पलटी है बेला,

गुरु से बड़ा ज्ञानी

बन बैठा है चेला।

कड़वा है आम,

खड्डा है केला;

भीड़ में खड़ा,

इंसान है अकेला।

ज्ञान हो चला है पुराना,

अब क्या उसे दोहराना;

न उल्लू बनना, न बनाना,

घिस गया है कुर्ता,

फट गया है पजामा,

यह है T-shirt का जमाना।

स्कूल पहुँचा लड़का,

अध्यापक भड़का...

देर कर दी तुमने,

क्या गए थे घूमने?

नहीं! आया हूँ खेलकर,

तेज गेंदबाजी झेलकर।

छोड़ दी है पढ़ाई,

किताबों से मोल ली है लड़ाई;

चाहे पास कर या फेल कर,

अब तो मैं बनूँगा तेंदुलकर।

शिक्षक हुआ ठंडा,

परे रख दिया डंडा;

बोला —

नीचे रखो बस्ता!

हल्का करो कंधा!

शायद मैं ही था अंधा,

जो किताबी सियाही को

घोटकर पी गया,

रटे शब्द दोहराते-दोहराते

ज़िंदगी यूँ ही जी गया।

मैं कभी देख पाया नहीं

उस श्याम की रोशनी को,

पेट में डली कालक

कैसे पचाएँ बालक?

सबके सामने है

देश की हालत।

जा बेटा, खेल... और खेल!

जा चाँदनी से रल-मेल!

तोड़ दे यह पुरानी जेल!

जा, ज़िंदगी से खेल!

जा, ज़िंदगी से खेल!

12.

मैं कौन?

एक पुरानी तस्वीर में

मैं अपने आप को

पहचान नहीं पाया;

मेरे अपनों ने

मुझे बहुत समझाया,

मेरी सालों-साल की

प्रिय-अप्रिय हरकतों का

पूरा पट्टा-चिट्ठा सुनाया...

"यह तुम ही हो!"

कई बार बताया,

पर तस्वीर वाला व्यक्ति

मैं ही हूँ, यह

मुझे रास नहीं आया।

तस्वीर पुरानी थी,

और मैं भी!

पर,

तब समय और था!

एक गुज़रा दौर था!

मैं कोई और था!

एक कटी पतंग की

लहराती डोर था!

न यह सूरत थी,

न यह सीरत!

वो था अतीत...

जो गया बीत!

समय की धारा

छीन लेती है

बचपन की प्रीत,

अप्रिय हो जाते हैं

जाने-पहचाने गीत,

रह जाते हैं सूखे बोल,

खो जाता है संगीत,

बस यही है रीत।

चलो, मान लिया वो मैं ही था!

पर मैं कौन हूँ, क्या हूँ,

यह तो अब भी नहीं जानता!

तर्क तो समझता हूँ,

पर मन नहीं मानता!

तो फिर तस्वीर में कौन है,

मैं कैसे पहचानता?

13.

सच-वच

रोज की तरह

आज भी

मैं तड़के ही उठा था...

पर दिन भर लगा,

मेरी नींद नहीं खुली।

स्वप्न-निद्रा में

ऐसा खोया था...

कि बहुत खोजा,

पर नयी सुबह

नहीं मिली।

इस पार की,

और उस पार की

यादें हैं धुंधली,

और कुछ मिली-जुली;

मैं यहाँ था,

पर नहीं भी था!

वहाँ भी हाल

कुछ ऐसा ही था!

कहते हैं, उस पार

है केवल सपनों का व्यापार;

सपने सच नहीं हैं,

वो दुनिया

काल्पनिक है,

अवास्तविक है;

कहीं नहीं है;

पर इस पार का सच

बदलता मौसम है,

बड़े फ़रेब है,

खाली जेब हैं,

अनगिनत वहम हैं,

लोग बेरहम हैं!

वेदों के ज्ञानी

कह गए हैं —

सब कथित है,

ऐसे सच से बच!

यथार्थ का चोला है,

पदार्थ का कवच!

न यह सच,

न वो सच!

14.

तेज दौर – कोविड!

यह नया युग है!

टेढ़ा है, तेज है, तीव्र है!

जो छुप कर वार करे,

वो कहलाता वीर है;

नहीं पता चलता

कौन तुच्छ है,

कौन गम्भीर है।

अब चोर पहनता है

चीनी शेरवानी,

गुरु का कुर्ता

फटी लीर है,

ज्ञानी की कौन सुने...

नेता के प्रवचन ही

पत्थर की लकीर है।

उम्मीद कुछ और थी...

सभी की यह सोच थी,

तेजी, उलझनें सुलझायेगी,

जल्द खुशहाली लाएगी,

चाँद पर पहुँचाएगी,

हमें दिल्ली में नाश्ता,

मिलान में पास्ता खिलाएगी।

जल्दी-जल्दी मिलेंगे यार,

जल्दी-जल्दी उतरेगा बुखार,

कुछ ऐसे ही थे विचार।

पता न था तीव्रता

ऐसी आग लगाएगी,

झूठ का जाल बिछाएगी,

अफवाहों की आँधी उड़ाएगी,

कोविड से बेहाल कराएगी,

ऐसे भी दिन दिखलाएगी,

कि यारों से दूर ले जाएगी...

सबकी साँसें चुराएगी,

गले मिलने को तरसाएगी।

ऐ दुनिया! जरा धीरे चल!

महसूस तो कर

हौले-हौले बहते हुए

पल दो पल!

कुछ ऐसा दे अमृत जल,

कि घुल-मिल जाएँ,

मेरे आज और कल!

15.

आज कल — ओलंपिक्स!

हार-जीत का उत्सव चल रहा है,

कुछ विजयी महारथियों के लिए

होनी के पेट में मंगल पल रहा है।

पर संसार में दंगल और भी हैं;

एक ओर सैलाब उबल रहा है,

दूसरी ओर जंगल जल रहा है।

खून में है आग,

पसीने में है पानी;

खिलाड़ी रोज़ खेलता है,

यूँ ही ज़िंदगी झेलता है;

खून का बनता है पानी,

ढल जाती है जवानी,

रह जाती है एक

खून-पसीने की कहानी।

मंगल आता है, जाता है,

भँवर के झूले में

कभी उत्तेजना है,

कभी हताशा है,

परिपत्र यात्रा में

कल रहेंगे हम,

फिर जीतेंगे हम,

हर पल

यही आशा है।

यही निराशा है।

16

कौन जाने

ज़िंदगी की पहेली पर

लिखने वाले लिखते गए,

बोलने वालों ने

जाने क्या-क्या न कहा;

कोई गुरु, कोई पैग़म्बर,

तो कोई देवता भी बना;

कुछ कहे बिना

किसी से भी

रहा न गया।

कवि लिख-लिखकर

कलमें घिसते गए,

पन्ने, किताबें भरते गए,

इतना गर्व हुआ

अपनी सोच पर,

कि कुछ लोगों ने

घिस दी लकीरें पत्थर पर!

सोचा, कि मेरी कथनी

होगी सदा अमर,

पर जीवन की पहेली

कोई सुलझा न सका;

क्या सत्य है,

क्या असत्य है,

कोई बता न सका;

गुरु-चेले आते गए,

जाते गए,

हलवा-प्रसाद

खाते गए,

भजन-कीर्तन

गाते गए,

पर कोई भी

न बता पाया,

न जान पाया,

कि वह कहाँ से आया...

और कहाँ गया।

17.

मोड़-जोड़

ऐ नौजवान!

तेरी डगर में लिखे हैं

न जाने कितने मोड़;

हर कोना होगा कटी पतंग;

हवा में झूलती होगी

तीखी माँझे की डोर;

यहाँ लगी रहेगी हरदम

आसमान को छूने की होड़;

तू पकड़ लेना उस राह को,

जो दे हर मोड़ को जोड़!

18

सुख-दुःख

ऐ ज़िंदगी,

क्या है तू?

कभी संगीन,

कभी रोशन... रंगीन!

तू कैसी है दिल्लगी?

क्या कहानी है तेरी?

कैसे बन गई तू मेरी?

बता दे ना, पगली!

यह कैसा है तेरा,

बहती हवा से खेल?

कभी तू खींचे अंदर,

कभी फेंक दे बाहर,

यह खींचा-तानी

का है अदभुत मेल;

मैं हूँ महज एक तिनका,

तू है सागर अपार;

मेरी साँसें बनी हैं

तेरा अपना ही घर,

ले चल मुझे

तू चाहे जहाँ,

इधर या उधर;

यहाँ या वहाँ;

जब तक तू है साथ,

जोड़ कर दोनों हाथ,

मैं तो यही कहूँगा —

तू ही है प्रेम!

तू ही है क्रम!

तू ही है काल!

कैसा है कमाल!

19.
दोहरी सोच

लोग कहते हैं...

एक ओंकार है!

वही एक पुकार है!

वही निराकार है!

पर जरा ध्यान दो

यहाँ दो-दो का खेल है,

तन-मन का मेल है।

जहाँ रूह की मुक्ति है,

वहीं ज़ालिम जेल है;

सब कहते हैं...

कोई पास है।

कोई फेल है।

यह बड़ा संसार है,

बीचों-बीच दीवार है,

एक गहरी दरार है;

एक ओर जीत है,

दूसरी ओर हार है;

क्या करे इंसान,

बेचारा लाचार है;

खड़ा मझधार है,

एक इस पार है,

एक उस पार है,

कैसा अत्याचार है?

तन-मन मिले हैं,

पर अलग विचार हैं;

जो नहीं लगता अपना,

वो काँटों का हार है;

ज्ञानी कहते हैं —

तू लाख कर ले यतन!

तेरा हर प्रयत्न नकार है,

तेरी दोहरी सोच

बिल्कुल बेकार है,

देख, अद्वैतता साकार है!

20.

मटमैली सोच

देखो! कैसे बन पड़े हैं संजोग,

भीड़ में इधर-उधर भाग रहे हैं लोग;

ऊपर से तो लगते हैं अच्छे-भले,

पर दबे हैं पुरानी सोच के भार तले;

झट पड़ते हैं एक-दूजे के गले,

फिर चाहे घर बले, या देश जले।

दब-दबकर हो चले हैं लाचार,

भरी जवानी में लगते हैं बीमार,

पर कैसे आया यह मुआ बुखार?

जब चेहरे पे छपे हों मटमैले विचार,

तब तो सब हीरे-गहने हैं बेकार,

उभरता है केवल नपुंसक विकार,

फिर क्या प्रारब्ध है, क्या नहीं;

क्या गलत है, क्या सही;

होता किसी को मालूम नहीं।

बासी हुए खयालों में वस्त्र रंगे हैं,

सदियों पुरानी रीतों में जज़्बात टंगे हैं,

जहाँ कल पड़े थे, अब भी वहीं खड़े हैं;

दोनों पाँव जैसे कीचड़ में धँसे पड़े हैं;

फिर भी कहते हैं —

तू छोटा है, हम बड़े हैं!

काशी-काबा की ओर

मुँह मोड़कर,

परे रख छोड़े हैं कर्मी हाथ

एक-दो बार जोड़कर।

झुक-झुककर करते रहे प्रणाम,

जपते रहे इसका-उसका नाम,

पर बिना नए कर्म के कैसे मिले इनाम?

थकी सोच की मैली चादर पर

लगे हैं धब्बे, दाग!

छोड़ पुरानी बातें, मेरे यार!

आगे चल, आगे भाग!

धो डाल यह दिमागी लिबास!

उतार फेंक सब पुराने बोझ,

जा, कुछ नया खोज!

नई सुबह आयी है,

चल, कुछ नया सोच!

21

वो गाने

भई, कैसा है ज़माना!

एक बेतुका सा गाना,

जिसका न सिर है, न पैर;

बोल हैं जिसके कड़वा ज़हर,

और संगीत के नाम पर

चीखों सा चुभता शोर।

पर देखो तो...

पागल हुए हैं लोग!

माँगें 'मोर'!

कहते हैं और...

और मचाओ शोर!

क्यों भुला दिए वो गीत,

वो झूमता, बहता संगीत,

वो नग़मों की प्रीत,

वो शायरों का दर्द,

वो इंतहा की हद,

वो नज़रों से संवाद,

वो अधूरी मुलाकात,

वो रुकते-उभरते जज़्बात...

उन दिनों में थी एक बात!

मेरे कानों में बार-बार

आज भी गूंजती है पुकार...

जाने कहाँ गए वो दिन!

वो प्यारे पल-छिन!

कोई लौटा दे मेरे

बीते हुए दिन!

22.

घड़ी

बहुत दिनों बाद

फिर एक बार

बीते दिन करके याद

मैंने अपनी कलाई पर

एक पुरानी घड़ी सजाई;

सोचा, समय को आड़े लेकर,

उससे कर लूँगा लड़ाई।

पर पहले यह बता, घड़ी!

तू क्यों है गोल?

तू तो घूमकर,

बिना कुछ खोए,

वहीं आ जाती है;

पर मेरा समय,

छीन ले जाती है!

अरे, कुछ तो बोल!

जानती है तू

हर पल की पोल;

कौन है कितने पानी में,

क्या है किसका मोल!

घड़ी, कुछ तो बोल!

सन्नाटे के ख़ामोश शोर में,

शांत अंधेरे के घनघोर में,

भागते समय की भाग-दौड़ में,

तेरी यह टिक-टिक

है जैसे जमाने की

बेकाबू चिक-चिक;

हर पल-छिन में है

अपने आप ही से खिट-पिटा

पल-पल यह देह ढहती है,

पर तू दौड़ती रहती है;

बस तू ही जानती है

बनी रहेगी मेरी हस्ती,

या यूँ ही जाएगी मिट!

तेरी सुइयाँ हैं वक्त के काँटे;

हर टिक पर चलते तीर,

सभी बह गए इस धारा में...

कौन, किसका दर्द बाँटें?

कलाई पर बंधी घड़ी

जैसे बेड़ी है पड़ी,

अब कैसे लड़ूँ,

और किससे?

23.

शीशे की दुनिया

मैं रोज़ सुबह उठते ही
आदत से मजबूर होकर
शीशे में जरूर झाँकता हूँ,
फिर यूँ ही अपने आपसे
पूछता हूँ –
क्या आज भी
मैं कल वाले खुद को
जानता हूँ, पहचानता हूँ?
शीशे में खड़ी छवि
शायद है कोई कवि,
वह भी मेरी ही तरह
खयालों में रहता है,
गुमसुम सा होकर
हर बार वह वही शब्द
वापस मुझ ही से कहता है;
न मैं कुछ जानता हूँ,
न वो कुछ जानता है।

कभी-कभी मैं

शीशे की दुनिया में

बाएँ-दाएँ से पलटे हुए

सभी हालत भाँपता हूँ,

फिर उसी नजरिये से

जमाने की परतों में छुपा

भला-बुरा देखकर

कभी ज़ोर से हँस लेता हूँ,

कभी ज़ोर से काँपता हूँ;

न मैं कुछ जानता हूँ,

न वह कुछ जानता है।

24.

गुमशुदा की खोज

यह जो सब हो रहा है,

यह किसकी मर्ज़ी है?

ब्रह्मांड का पूरा रेशमी थान

छोटे-छोटे टुकड़ों में कटा है,

बिना सिले यहाँ-वहाँ पड़ा है।

कोई छोटा तो कोई बड़ा है,

पर जो सब काटकर गायब है,

यारों, वो कौन-सा दर्ज़ी है?

सुना है, यह जो सब हो रहा है...

बस लुकाछुपी का खेल है;

जितना असली दिखता है,

मामला उतना ही फर्ज़ी है।

पता कर पाएँ यह सब क्या है,

हम भी ध्यान लगाए बैठे हैं;

कोई तो आए हमें समझाने,

यही जन्मों की अर्ज़ी है!

25.

वाह यार!

रूमी की तरह मैंने भी यार को ख़ुदा माना,

हर पल मैं यार से जुड़ा रहूँ, यही है तमन्ना।

यह चाह मेरी है, या मेरे यार की, मैंने न जाना;

बस इतना ही कहना है,

हर घड़ी की लिख दी है तक़दीर मेरे यार ने;

यार ही ख़ुदा है,

समझना-समझाना तो है एक बहाना!

26.

तेरा भाग्य, तेरा काल

आकाश को चीरती,

कुंडली-सी घूमती,

भागती, दौड़ती, धर्मराही;

भाग्यवती है तेरी माँ पृथ्वी!

धनु का तीर है उसकी दिशा,

उसी का है दिन, उसी की निशा।

सजे हैं अम्बर में सितारों से रास्ते,

छुपे हैं भंडार सभी के वास्ते,

रोशन है धरती सोने-सी धूप से,

दमकती है चाँदनी, चाँद के स्वरूप से।

सोने-चाँदी की यह भूमि,

न जाने कितनी बार घूमी...

देखे बड़े-छोटे लाखों भाग,

कहीं हरियाली, कहीं आग;

साफ-सुथरी मंगल मिट्टी पर

लगे हैं, लाल बँटवारों के दाग।

काल का हिस्सा ही है तेरा भाग्य,

पाएगा वही जो समय ने लिखा है;

फिर भी, उठा ले ज्ञान की मशाल;

जानकर बदल डाल अपना काल;

जा, कर दिखा कोई ऐसा कमाल!

27.

छोटे-बड़े सवाल

सुना है, ईश्वर बहुत बड़ा है!

शाश्वत है! अनंत है! अपार है!

फिर उसकी बनायी धरती,

और उसके बनाए इंसान

इतने छोटे क्यों हैं?

दुःख-सुख की वर्षा में भीगकर

सभी जीव रोते क्यों हैं?

सारे जहां को पाकर,

दुनिया पर छाकर,

भर पेट खाकर भी...

सभी कुछ खोते क्यों हैं?

समय कभी रुकता क्यों नहीं?

पर्वत कभी झुकता क्यों नहीं?

जो कुछ भी बना है,

बचता क्यों नहीं?

बरसों किए हुए जाप से भी,

कभी कुछ मिलता क्यों नहीं?

बहती गंगा की मैल में

हर पाप घुलता क्यों नहीं,

धुलता क्यों नहीं?

सवाल लोग हजारों करते हैं,

जवाब एक भी मिलता क्यों नहीं?

जरा सोच कर देखो तो पल भर,

सवालिया निशान है ईश्वर पर!

लोग करते तो है हजारों सवाल,

पर है क्या किसी की मजाल

जो पूछ ले, कि वो है भी या नहीं?

शायद लगता होगा डर, कि

क्या वो छुपा तो नहीं यहीं-कहीं?

फिर पूछ लिया एक और सवाल!…

हम अब भी खड़े हैं बेहाल,

वहीं के वहीं!

28.

झूठ-सच की ज़िंदगी

यहाँ शब्दों का उबलता महासागर है,

गुड़गुड़ाती झाग है, सख़्त गर्म भाप है;

उड़ते घने बादल हैं, बदलते हालात हैं;

अनंत व्यंगीकरण है, ताकती तर्क हैं;

नहीं पता झूठ-सच में क्या फर्क है;

हर दलील के हाज़िर कई जवाब हैं,

हर जवाब में लुके-छिपे कई पाप है;

किसकी हानि है, किसका लाभ है;

कौन सी रस्सी है, कौन सा साँप है?

अपना-अपना झूठ-सच सभी बोल गए;

जहाँ चुप रहना था, वहाँ मुँह खोल गए;

धक्का-मुक्की में इधर-उधर सब घूम गए;

अच्छे पलों में तारीफ सुन, इंतहा फूल गए;

कहाँ से आए थे, कहाँ जाना है, सब भूल गए;

माँ की बाहों से रस्सी के फंदे तक सभी झूल गए;

जब फिर लौट के आए, तो सचमुच सब भूल गए।

सच ही सब है, पर फिर भी क्यों चुप है?

सच हर तरफ है, तो फिर क्यों लुप्त है?

29.

लहरें

नीलकंठ के इशारों पर

लहरें झुकती हैं, उठती हैं,

कूदती हैं, खेलती हैं,

फिर उथल-पुथल में उछलकर,

हजारों में आ पहुँचती हैं, तट पर

रेत में बने मेरे पैरों के निशान हटाने,

मेरी कुछ पल की हस्ती को मिटाने।

रेत, नयी कुँवारी दुल्हन थी;

थोड़ी नर्म भी, गर्म भी,

सूखी भी, गीली भी,

सख़्त भी, ढीली भी;

मेरे कदमों के आने-जाने से,

मुझे लगता है

हुई कुछ मैली भी।

मैंने बिना कुछ छुए

सब कुछ पाना चाहा,

हवा में उड़-उड़कर

पानी पर चलना चाहा,

वहाँ दूर, जहाँ धरती और आसमान

सदा ही योग बनाए रहते हैं,

वैसा ही अनंत सम्भोग पाना चाहा।

लहरों के खेल से

बनते-मिटते मेरे निशान

बन गए हैं मेरी पहचान,

मेरा आना-जाना

पल भर का योग है,

वो ही सम्भोग है,

आह! यह कैसा रोग है?

30.
सबकी अपनी कहानी

दुनिया के बाजारों में भीड़ों भीड़ है,

अपनी इच्छा पूर्ति के सभी पीर हैं।

भले लगे, कि गर्दी एक रला-मिला नीर है;

पर हर ग्राहक की अपनी-अपनी तदबीर है,

बनती उसी से हर किसी की तकदीर है,

सबकी राह की दिशा एक खास लकीर है,

कोई बन जाता है राजा, कोई रहता फकीर है।

सबका एक बचपन है, एक जवानी है;

समय आने पर सबने की नादानी है।

यूँ तो सबकी एक-सी ही ज़िंदगानी है,

पर ज़रा गौर से देखो...

सबकी अलग-अलग कहानी है!

31.
लक्ष्य वाली लक्ष्मी

एक अँधेरी रात को

लक्ष्य प्राप्ति के बाद,

घर पहुँचे राम।

सोचा होगा...

बहुत हो गया,

अब करेंगे आराम।

पर जल्द ही

राम हुए बदनाम,

फिर से लड़ना बन पड़ा,

नया लक्ष्य हुआ आन खड़ा।

लक्ष्मी की दोहरी देन से

उग पड़ी थी मीठी-कड़वी कड़ी,

लक्ष्यों की फिर लग गई

एक और नयी झड़ी।

पूछता है कवि...

जीवन में कहाँ है आराम?

चाहे हो इंसान,

या हो भगवान!

32

जो तुम को हो पसंद

एक प्रेमी ने कहा प्रेमिका से —

जो तुम को हो पसंद, वही बात कहेंगे,

दिन हो या रात, जैसे भी हों हालात,

जो तुम कहोगी, हम भी वही कहेंगे;

जहाँ होगा तुम्हारे मन का बहाव

हम तिनके की तरह वहीं बहेंगे,

हम अपना अस्तित्व मिटाकर

सदा तुम्हारे ही साथ रहेंगे।

कवि ने पूछा —

यह कितने दिन चलेगा,

क्या इसका भी कोई जवाब मिलेगा?

कवि भली-भाँति जानता था...

यह तो कुछ पल का अंधेरा है,

जल्दी ही आने वाला सवेरा है।

बोला प्रेमी —

यह अधर्म मेरा है...

दो-चार दिन चल जाए,

जलती आग बुझ जाए,

अगली पीढ़ी निकल जाए,

सरकारी नौकरी मिल जाए,

यह ही बहतेरा है,

आगे किसने, कब देखा है?

33.

जो तुमको हो नापसंद

एक प्रेमिका ने कहा प्रेमी से –

जो तुमको हो नापसंद वही बात कहेंगे,

दिन हो या रात, हम अपनी ही करेंगे;

गर तुम कुछ बोले, हम नहीं सुनेंगे;

जो की बहस, तो हम रूठ पड़ेंगे;

यही हमारा तरीका है,

प्यार का यही सलीका है।

कवि ने फिर पूछा–

ऐसे जीवन कैसे चलेगा?

क्या इसका कोई जवाब मिलेगा?

कवि सब जानती थी,

प्रेम के नुस्खे पहचानती थी।

बोली प्रेमिका –

यही कर्म मेरा है...

भले लगे कि आगे अंधेरा है,

मुझे पता है, कैसा आनेवाला सवेरा है;

मैं करती हूँ इसलिए इनका विरोध,

कि यही है भटकती नज़र का निरोध;

दुनिया बड़ी है, घर छोटा है,

मर्द बेपेंदी का लोटा है;

लुढ़ककर खो ना जाए कहीं,

इसीलिए शादी की शुरुआत

का नाम ही 'रोका' है!

34

मेम की भौंहें

एक अजीब सी कहानी है...

सुनाऊँगा, अगर आप कहें!

एक दिन एक मेम की

गुम हो गईं दोनों भौंहें,

आँखों से ऊपर का माथा

हो गया बिल्कुल साफ,

मेम ने जोड़े हाथ...

बोली —

हे नाथ!

यह कैसा है इंसाफ?

छीन लेते गर जो बाल,

तो सर ढक लेती,

विग लगा लेती!

तुमने तो छीन ली है

मेरी सबसे बड़ी ताकत,

देखो, क्या हो गयी है हालत!

अब कैसे नजरें मटकाऊँगी...

अपने रूठे यार को

कैसे मना पाऊँगी?

और... पति को

भौंहें सिकोड़कर

कैसे फटकार लगाऊँगी?

ऊपर बैठे देवता
सोच में पड़ गए।
मेम बन गई थी विपदा
तो देव-देवियाँ भी डर गए।
बिना भौंहें की जनानी
की बड़ी थी परेशानी,
माथे पर अब नहीं
रुक पाता था पानी,
अब क्या मोड़ लेगी
यह कहानी?

मेमसाब ने निकाली
एक कलम काली,
और आँखों के ऊपर
दो लकीरें खींच डालीं!
देवता बोले —
यह कैसा किया जुलम...
दो सीधी लकीरों से
कैसे मनाओगी बलम?
बोली मेम —
मेरी चलती है
यहाँ, नीचे!
चाहे हो बलम,
या हों बच्चे!
अब भौंहें नहीं मटकाऊँगी,
बस जुबान की कैंची चलाऊँगी!

प्रारंभिक कविताएँ

मैंने अपनी पहली कविता 16 वर्ष के जन्मदिन पर लिखी थी। यह वह समय था, जब मैं अपनी हाई स्कूल की पढ़ाई पूरी कर थाईलैंड से भारत लौटा था। उस समय मेरे पड़ोस में कुछ हिन्दी लेखक रहते थे, जिनसे मित्रता करने का मेरा सौभाग्य बना। मैं श्री सुरिंदर अरोड़ा का विशेष रूप से आभारी हूँ जो एक प्रकाशित लघु कथाकार थे। उन शुरुआती वर्षों में हिंदी में कविता लिखने में उनके मार्गदर्शन का मैं आभारी हूँ।

35

जन्मदिन

जानता हूँ,

कोई खास नहीं यह दिन...

पर क्यों एक अजीब सा

लगाव है इस तारीख से?

खुश हैं यार-दोस्त,

दावत माँगते हैं

जानते हुए भी, कि

एक वर्ष कम हो गया है

मेरे जीवन का!

यह कैसी दोस्ती है?

किसी योगी से कहूँ यह बात,

तो शायद कहेगा —

"पापी जीवन से मोक्ष

शीघ्र मिलेगा!"

जीवन पापी?

मैं समझ नहीं आता!

क्या जीना पाप है?

क्या सताकर इस शरीर को

और मार कर मन की

सभी अभिलाषाएँ...

ऐसे जीने को मैं सुख मान लूँ?

खो जाता हूँ कई बार,

इस बात को मन में दबाकर

बंद कर लेता हूँ दरवाजा...

सामने पड़ा रह जाता है

पानी से भरा गिलास,

एक बूँद भी नहीं डालता

अपने सूखे गले में।

लेकिन जी तंग हो जाता है!

सोचता हूँ, कहीं बाहर चलूँ...

यार-दोस्तों संग कुछ गपशप हो!

क्यों न आज दावत हो जाए,

आज मेरा जन्मदिन है!

जुलाई 1976

36.

बत्ती नहीं है...

धीरे से
हाथ छुआ,
फिर पकड़ कसी!
भीतर का भय
मैं भाँप गया...
"बत्ती नहीं है!"
मैं मुस्कुराया!

कुछ पल चुप्पी,
फिर साँसें सुनाई पड़ने लगीं,
उठने लगा तूफान!
बेचैनी और बढ़ी,
घबराती-मुस्कुराती आँखें,
काँपते लबों को चूमना चाहा...
तो सहम सी गयी!
"बत्ती नहीं है" —
घबराकर मैंने कहा!

एक धड़कन

करीब पाकर

मैं बढ़ा,

पत्थर-सी प्रतिमा

मोम-सी पिघलकर

सीने से आ लगी,

लगा एक संगीत बज उठा!

दो धड़कनें एक ही ताल में

कोई गीत गुनगुना रहीं थीं।

यकायक सूनापन...

वीरान हो गई बाहों की पकड़,

चौंधिया गया मैं आँखों के सामने

उजाला पाकर!

"बत्ती आ गयी" —

कुछ शर्माते हुए उसने कहा।

1977

37.

टूटा सितारा

अंधकार में सितारा टूटा,

पर खो गया

झपकी पलक के खुलने से पहले।

यूँ लगा,

रास्ता दिखाकर

किसी ने टाँगे काट डालीं।

मुड़ गया

दूसरी ओर

कुछ देखकर,

शायद एक स्वप्न...

जो भुला दिया जागने से पहले।

उस ओर

लम्बी सड़क

एक नहीं, दो नहीं...

ढेर सारी!

क्या गिनती भूल गया हूँ?

या फिर, भूल रहा हूँ?

मैं तो कहीं चला नहीं,

जो इन्हें गिन पाता!

फिर पाँव हिले,

कुछ कदम चले,

पर रास्ता नहीं देखा!

सफर कुछ तय तो हुआ!

लगा कोई खींच रहा है...

पर मन तो चला नहीं!

फिर क्यों भटक रहा है?

1978

38.
रोमांच

पलकें काँपीं,

थिरकने लगी पुतलियाँ...

उजाला...!

रोम-रोम महका!

रात का बहका

उठ बैठा,

वातावरण की मंद-मंद

उस गंध में था

रोमांच!

गाली जड़ित भाषा,

स्वर आकाश छेदते हुए!

कंधे-से-कंधे रगड़ते

ये जीव बढ़े जा रहे हैं,

मेरे उबाऊ जीवन से भिन्न!

वाह! रोमांच...!

संध्या का सुनहरा अंबर

कोई दूसरा संदेश देता है इनको...

ठेकों पर लगी है भीड़!

रंगीन तरल से भरी,

पतली काँच की बोतलें
उतावली हैं खाली होने को!
भुने मांस के टुकड़ों संग
भरे गिलास
पल में खाली हुए,
साँसों में मंद-मंद
लहराती गंध,
वाह! रोमांच…!

आँखें सुर्ख,
कदम लड़खड़ाते…
बहका हुआ सा
बेपरवाह चित्त!
वही रोमांच
काश मेरे अस्तित्व को
कर पाता आच्छादित!

1977

39.

पुराने घाव

एक ओर

मुस्कुराते अधर

और कुछ झुके-झुके,

शर्मीले नयन...

उधर, नीले-नीले अम्बर से

प्रकाश की एक बारीक रश्मि

जीवन-मार्ग पर फूटकर

बिखरी पड़ी है...

यही हैं जीवन के

खिलखिलाते पल।

पर जीवन कुछ और भी है!

हर नई रश्मि को

स्वयं में समेट पाने से पहले

मेरे थके पाँव लहूलुहान हो गए हैं,

बहता हुआ गर्म लहू अब थम गया है,

ज़ख्म के निशान बन गए हैं,

यादें रह गई हैं।

एक नया चहचहाता हुआ पल

उस रशिम का,

और गीली आँखों में चमक उग आयी!

पर कब तक?

पुराने निशानों से फिर लहू बहेगा,

फिर रशिम चमकेगी...

फिर लहू...

फिर रशिम...!

अंग्रेजी में कुछ कविताएँ...

चूँकि इस पुस्तक के प्रमुख पाठक भारत में हैं, जहाँ बहुत से लोग कम-से-कम दो भाषाओं (मुख्य रूप से हिंदी और अँग्रेजी) को जानते हैं, मैं अपनी अँग्रेजी भाषा की कविताओं का एक नमूना शामिल कर रहा हूँ। ये ज्यादातर 2005-2010 के आस-पास लिखी गई थीं। इसके बाद मुझे फिर से हिंदी में कविता लिखने का आनंद खोजने में कई साल लग गए। हिन्दी की अधिकांश कविताएँ मैंने 2020-2021 के कोविड लॉकडाउन के समय में लिखी थी।

A Few Poems in English...

Since the prime readership of this book is in India, where many people know at least two languages (predominantly Hindi and English), I am tempted to include a sample of my English language poems. These were written mostly around 2005-2010, long before I rediscovered the joy of writing poetry in Hindi, most of which I wrote during the Covid lockdown years of 2020-2021.

40.

High Rise

A new day breaks

When the sun does

What it takes

Rips up last night

Then for the day

He's the king

Of the bright

Showing off his might

Light makes me rise

From my slumber

And eggs me on

To get up and fight

Somehow, anyhow

Against all that's wrong

Which, I think I know

Just cannot be set right

It will end up

Being about me, I sigh

So, is it futile to try? And…

How high do I need to fly?

41.

Ever-Eroding Novelty

Through rapidly ticking days

Time disappears in curious ways

Now and again I hear me say

Some of our unnoticed sway

Gets frozen in the déjà vu

There are bits of me and you

That are stuck in the non-profound:

Purportedly out-of-focus, fixated pixels

Compressed as barren background

Our ever-eroding novelty is time-bound

When we are done and gone

There will be more dawns

But the frames of our story

Will pile up on heaps of forgotten history

I wonder then

Why we didn't try new angles

To recheck our sums

To save bits of our blurry lives

From the doldrums of humdrum

42.

Tears for Big Loves

Now that you are all set

To hunt for your big loves

It's time to live the clichés -

So roll up your sleeves

And take off the gloves

Start by putting aside your little bickerings:

Small talk, narrow minds

Ignorant feelings and cursory misgivings

As you fight on, you will get inklings

That you arose from finely ground dust

And as with your passions you burn

To the same earth you shall return

It'll be time for your stories to go burst

The fragments of your shattered tales

Will become intoxicating ales

For others who will pursue their desires

As new hunters take their turn

For the lesson they must learn

Each will light and fight his own fires

For a while though

Your inflated myths shall hang around

Like dispersing perfume on life's playground

Yes, in the end there are always tears

But over many turns

You will learn

That water in your eyes

Will wash away all grand lies

And fears

43.

The New Sharp

The soft white lather feels socially feminine

A la pre-feminisms era

I had worked it up

Beating thick badger hair against my skin

Like my thoughts and values

It clings to my prickly morning face

I smell of cool manly menthol with a hint of tobacco

For a while, I look Santaesque

I feel frolicky, oblivious of time

Can't be!

Then I realize, it's Monday morning!

But like me and my body

The froth is surely temporary

I must act, while it holds

For nothing I can really do?

I must wipe off the clingy spume

With an ever-sharper edge

Which too is blunting with each run

I recall the sharp cheekbones I once had

Blade sharp, they were!

I live on a new edge each day

Ready to walk till I fall

44.

Superhero

He stands facing the mirror

Trying on his wishes

In the reflection

Between his eyes

He sees glimpses of superheroes

His flab stiffens to shape his abs

Though his jaw nearly drops

In awe of the myriad of superpowers

With imagined acts of benevolence in between

The personas are comic

I laugh at myself

In these new olden times

There are new old heroes

New old comics

Even my new old laughter

Is poisoned with waning powers

In the face of strong myths

I laugh at myself…again

Four Seasons

45.

Poets I — After Spring

Spring comes
And spring goes
Suddenly, friendly times
Bite back like foes

As the sun sinks
Perfume sprayed
After the morning shower
Goes stale and stinks
Poetic hearts feel betrayed
Spring or not
Dead leaves still rot

Romantic dinners
Turn poets into sinners
The *haute cuisine* food
Surely changes the mood
But bits left on the plate
Turn *l'art de la cuisine*
Into ugly and mean
Faces of our fate

Poets struggle to stay sane
Wait for spring to come again.

46.

Poets II — Summer's Gone

Summer comes
Summer goes
Suddenly, young leaves
Have autumn woes

Those long summer days
Had their charming little ways
Of keeping poets preoccupied
With exposés of curvy maids
But somewhere deep inside
The soul's internal frays
Had continued
Now the season has changed
Young leaves have aged
The early morning mist
Is slow to lift
And the cool heavy air
Has got harder to shift

Poets too are more mature
But the future seems less secure
For each gust of air
Carries a whiff of despair
As trees are left plundered
Poets just wonder
Is life really fair?

Naked trees reveal fractal magic
Even chaos has its secret logic
Poets meditate and contemplate
Celebrate nature, as it recreates

47.

Poets III — Beyond Autumn

Autumn comes

Autumn goes

Suddenly, there is fear

But poets know

A new beginning is near

With the crisp autumn breeze

It had rained dead leaves

In yellows, reds and browns

Death had come tumbling down

And for a while it seemed

The whole town

Would just drown

In *la folie-âge*

A blanket of death had covered all paths

And yet, for those who cared

And dared

The sight was breathtaking!

Poets knew

Beyond demise

Life would spring anew

Shedding their gloom
And all thoughts of doom
Poets had set off on their beat
Crushing death under their feet
They carved out new paths
And after long walks
And despite sore feet
Poets had rejoiced
Penned and voiced
Rich verse
Such was nature's treat

The naked autumn trees
Had woefully exposed
The lovebirds hitherto hidden shame —
Their somatic love's ignoble game
That cutie-cuddly spring
That carefree summer
Of hot love
Had gone
Alone
Sat the lovebirds
On twigs that had branched out
Under their feet
Their remoteness
Their loneliness
Now left bare
Was for all to see

Now, in the chill of winter
The lovebirds look fat
But it's only fluff
And all that
Beneath the puffed plume
Beat wailing hearts
Ticking hopelessly out of tune
The chill bites body and soul
Keeping warm is the only goal
As struggle becomes an endless strife
Clinging to dear life
The lovebirds are seen to cuddle
But this time round
It's just a handy huddle
So close
And yet so far
Such is lovebirds' lot

What is so
Is also what's not
Poets watch and smile
Salute nature's guile

48.

Poets IV — Winter's End

Winter comes, and winter goes

The cage warms the heart

But poets long for a restart

No matter if the cold bites the aging toes

The late autumn rains

Had pounded the crispy crumbs

Of the dead leaves trodden on by poets

Into a mushy smelly slush

As bits of their lungs decomposed

The trees stood still

In meditation—all composed

With their feet soaking wet

In pools of cold dark sepia--

That would-be ink

Of a grand re-composition

Come spring

In the still sepia slush

Shiva danced without restrain

The bop, it seemed, had Vishnu slain

Dark destruction stained the terrain

Mother earth was cold, scarred and potted

Her aging face grey, heavily spotted—

Visage of a maid much exploited
Then it snowed...
Soft white flakes
Floated down gently
Almost reluctantly
Flake by flake
Layer upon layer
God's white foundation
Filled up the crevices
Concealing the blemishes
Mother earth was having a make-over...
Underneath, the dark sepia froze...
Smooth, soft, untouched, and without sin
The blue ball dressed in pristine white
Looked once again like a virgin bride
Wide-eyed poets looked in disbelief
Admired the gift the heavens had sent
But only they knew
That she was secretly pregnant

Suitors battled to court her
Ethereal winds whistled like street urchins
Clouds swirled like chauvinist dancers
But the sun—the culprit—shone its brightest
Slowly the shy maid tilted
Succumbed and melted
In the heat of passion
Winter was gone
Like a discarded fashion...

From sepia's warm dark womb

Emerged a boundless bloom

Poets laughed at the prophets of doom

As they watched Vishnu's seedlings

Sprout on winter's tomb

49.

Joy

The blackened stage appeared timeless

Like a long yawning moonless night

Darkness stretched out pervasively

When all that needed concealment

Was safely out of sight

From a carbon-arc spotlight

There shone a beam dazzlingly bright

Seeing the stage as revealed

The waiting audience clapped and screamed

And before the roar could fade

The masked magician stepped inside

The white-hot spot

The clattering din rose

And then shrank

To a dot

Almost hushed

Almost focused

Under the looming sepia sheet

The pleasure-hunting folk

Looked out for joy…

Through the shimmering white hole

With mathematical elegance

As if miming an exotic dance

And chanting unfamiliar words of far-away lands

The conjurer swayed his crafty hands

Sprinkling the air with *maya* sparkles

There was nothing but clockwork motion

Interrupted by spectacular apparitions

Was that magic or expansive aberrations?

The gazing public

Under the spell of music and light

Spoon-fed on rich doses of delight

Swallowed it all in a lump

And slowly let their muscles slump

Into a bemused shaking jelly heap

Gradually provoking

First boredom

Then sleep

"That's not very deep"

Thought poets

Fighting off their own sleep

As they got keen

To uncover

The unseen

Becoming witnesses to their deep blues

Poets searched diligently for clues

To the enchantment of joy

They turned away from the illusion of light

And refused the grotesque servings of delight

Surprised, sleepy folk took a poke

At 'deprived' poets' plight
Said, "That's not very bright"
But poets pursued their inner fight
For, though not sure, it seemed right

Poets sat poised in restless peace
Facing darkness for ages
They acted with seeming self-neglect
Like ungroomed Hindu sages
Awake, there and aware
Despite a blank motionless stare
Poets played alchemy with their juices
Denying all they had ever been told
They had set out to make their own gold
Away from the glare of light
Little at a time
With each breath
Poets accrued insight
Into all — self, darkness and light
Joy was in the breath
In pleasure, sorrow, life and death
That was joy
That was all
And all was that

50.

Pain

Somatic, or
Of the heart
From a measly pin-prick
Or from a lover's dirty trick
Provoking deep fear
Or just a wince and a tear
Pain is a strain
Pulling hard
On soul's fabric
But untouched,
And unruffled
My yoked self, at best
Is just stretching out
In its furtive quest

Dazzled by matter's multitude
By the zillion colours of photonic beats
And random sounds that somehow meet
To concoct hollow meanings in my head
A bit of me pushes its will
Sets its own goals
In conflict with my soul
Making me a worldly mortal
But the poet in me knows
I am just trapped
Like a message in a bottle

For the sake of gain
I train, and
Counter my pain
I climb notch upon notch
Score more, and yet more
In search of the prize
In the game of super-size
But in the fate's unfeeling gale
I trail…and I fail
Tired….I lose my fire…
And desire…

Then a yogi
Shows me Me
A poet in a sealed bottle
Is only what I see
Slowly, I learn again to breathe
In my desire's dying fire
I find a fading spark
On it I gently blow
And watch it slowly glow
As I focus and flow
My body eases
I merge with the poet
I am stretched no more
Now one with my pain
I welcome each strain
And watch the tensions iron out
The karmic folds
On the fabric of my soul

हिंदी की कुछ सबसे खूबसूरत रोमांटिक कविताएँ शुरुआती वर्षों के भारतीय सिनेमा के हिंदी फिल्मी गीतों में बंद हैं। कभी-कभी मुझे अपने उन दोस्तों के लिए इन गीतों का अंग्रेजी में अनुवाद करने का प्रयास करना अच्छा लगता है जो हिंदी नहीं समझते हैं। 'कश्मीर की कली' में एक गीत के लिए श्री शमसुल हुडा बिहारी के उत्कृष्ट गीतों का एक उदाहरण यहां दिया गया है।

Song: Isharo Isharo Mein
Music: Omkar Prasad Nayyar (OP Nayyar)
Lyrics: Shamsul Huda Bihari (S. H. Bihari)
Singers: Asha Bhosle, Mohammed Rafi
Film: Kashmir ki Kali

Not a word
Not a whisper
With just a gesture
You stole my heart
From where comes this talent?

O Love,
The very same school
You learnt whence
To create magic
With just a glance

My heart fell for you
What wrong did I do?
It only took
A magical look
For me to die
Stories of great lovers
Are not distant
From my own truth

Those in love
Don't say it out loud
They bridle their heartbeats
Rein in their tweets
Tell me, O Sweet
Where's the fun
In declaring your love
In just three words?

फ्रेंच में एक कविता। यह दो सप्ताह के बाद फ्रेंच भाषा के पाठ्यक्रम में लिखी गई थी। मैं नए सीखे हुए शब्दों की तुकबंदी और लय के साथ खेल रहा था।

A poem in French. This was written after two weeks in a French language course. I was just playing with the rhyme and rhythm of the words I had just learned.

107 | P a g e

Sans toi

Je sais
C'est tard
Il fait sombre
Et la lune est là
Dans le ciel

Je t'attends
Mais tu n'es pas là
Ces moments sont très long
Sans toi.

11 June 1977

तुम्हारे बिन

मैं जानता हूँ

तुम्हें आने में

देर हो रही है

अंधेरा हो चला है

और चाँद भी

आकाश में विराजमान है

तुम्हारा इंतज़ार है

और तुम यहाँ नहीं हो

ये पल बहुत लंबे हैं

तुम्हारे बिन

11 जून 1977